16	3	2	13
5	10	11	8
9	6	7	12
4	15	14	1

Alberto Martins

CAIS

Gravuras do autor

editora■34

EDITORA 34

Editora 34 Ltda.
Rua Hungria, 592 Jardim Europa CEP 01455-000
São Paulo - SP Brasil Tel/Fax (11) 3816-6777 www.editora34.com.br

Copyright © Editora 34 Ltda., 2002
Cais © Alberto Martins, 2002

A FOTOCÓPIA DE QUALQUER FOLHA DESTE LIVRO É ILEGAL E CONFIGURA UMA
APROPRIAÇÃO INDEVIDA DOS DIREITOS INTELECTUAIS E PATRIMONIAIS DO AUTOR.

Edição conforme o Acordo Ortográfico da Língua Portuguesa.

Capa, projeto gráfico e editoração eletrônica:
Bracher & Malta Produção Gráfica

Revisão:
Alexandre Barbosa de Souza
Cide Piquet

1ª Edição - 2002, 2ª Edição - 2011

Catalogação na Fonte do Departamento Nacional do Livro
(Fundação Biblioteca Nacional, RJ, Brasil)

M149c   Martins, Alberto, 1958
       Cais / Alberto Martins; gravuras do autor
    — São Paulo: Ed. 34, 2002.
    128 p. (Poesia)

    ISBN 978-85-7326-226-1

       1. Poesia brasileira. I. Título. II. Série.

CDD - B869.1

CAIS

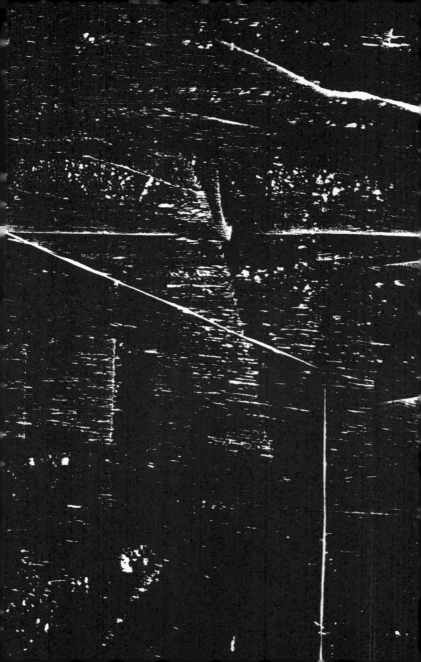

onde as coisas ancoram
onde as coisas demoram
algum tempo
antes de partir

O

mar maiúsculo
na contraluz pedras ilhas

horizonte que some
num risco —

tanta praia dói na vista
dói além de qualquer medida

presente sempre vivo
além da própria vida.

De que lado da morte
a areia espia? da infância

mal despida? do futuro
infinitivo? Esta praia

— de um a outro extremo,
o traço seco de um destino.

*

Ou quem sabe menos do que isso:
apenas uma pista, um indício

do horizonte a ser inscrito
pedra a pedra, ilha a ilha.

Mas como equilibrar numa só linha o mar
e seu vocábulo

— se um é para os olhos
outro para a língua?

Até o poema
esse animal submarino

morre afogado
quando arrasta à superfície

apenas água
água e seus resquícios.

*

No fundo, é compreensível
que uns se percam no mar

outros na Abissínia,
de puro sol e argila.

Viver nas dunas porém
cedo ou tarde intoxica

e o mundo é só areia
areia a perder de vista

— Rimbaud no deserto
ruminando sem saída:

onde inicia o poema?
onde termina?

se tudo em volta é poeira
poeira e um pouco de azia.

*

O mar
as pedras as ilhas

— horizonte que principia
na linha do olhar.

Como o bicho do marisco,
agarrado à rocha, procriando,

quem sabe quanto é estranho
riscar em linguagem

um amor que sequer significa:
apenas é, age? Afinal,

o mar é só seu ser de água
nenhuma língua o resgata

da paz precária
desse marulhar.

LITORAL

conchas
no lugar dos olhos

cascas
no ânus
e nas fossas nasais

um homem abre a boca para o mar
não enxerga nada à frente nada
atrás

só um monte de ostras
berbigueiros
kjökkenmönddiger

no entanto, a boca
emite um som

no som nascem os animais

HISTÓRIA

A princípio, serras altíssimas
várias ilhas no mar.

A costa incisa
num verde-fumo.

A fome é uma verruma.
A luz esconde tudo o mais.

*

Prima hipótese: ilha.
Mas a areia se estende
muito além do tiro do olhar.
No intervalo do vazio
alguma terra deve estar?

MONÓLOGO DE HANS STADEN

O mar é grande e amplo
H. S.

Como fui cair
naquela cova de macacos?
Uma corda no pescoço
uns formigões comendo as unhas.
De que vale "ein Gott,
Herr des Himmels und der Erde",
se esses falam uma língua-de-água
e fazem com os dentes
o que faço com palavras?

Gott! Dai-me pólvora
e poderei reinar sobre
pedras sobre
pragas.
Mas um homem
nesta terra
vale pouco.
Procuro manter a carne magra
os olhos covos
— que dure o meu fim
o quanto dura
um arco.

*

Miro encostas sem dono
o mar cerrado
a serra brusca.
Não encontro testemunhas.

Um dia tudo aqui vai definhar
— sem nome —
como a corda em meu pescoço.

PONTA DA JUREIA

De um lado
a pedra — de outro
o martelo do mar.
Como Anchieta
na obscura areia
quem sabe dizer
de que lado o deus está?
Talvez se encontre apenas
no desejo de um pelo outro
na ressaca que arrasta
margens profundas fossas de lodo
onde um lobo-marinho
coberto de óleo
finalmente exausto
dá na terra.
E tudo recomeça:
vice-versa.

FALA DE CUNHAMBEBE

eu como peixe
como
meu avô-barriga-de-peixe

eu como peixe
sei que não há nada como o sol
tragando outros peixes
pro horror da superfície

nada como
eu
como peixe

como meu avô-comida-de-peixe
quero morrer nessas águas
no rumor das ovas
e das fêmeas

O ANTÍPODA

peixe parado
no fundo oceano

a imensa massa cinza
sobre teu dorso
plano

peixe parado
no fundo oceano

o homem na superfície
e tu — rente ao lodo —
respirando

OURIÇO

o extremo-espinho
a armadura de silêncio

na rocha mais severa
cava

o movimento do mar
por fora, por dentro

BOTO

Suíno do mar,
chamava-o Thevet
— talvez por seu ronco
ou, provavelmente,
o focinho.
Seja como for,
o triângulo dorsal
o salto cristalino
provam a mistura dos mares:
um doce
                outro salino.
Ó faro e guia dos caminhos
aproxima-te da borda
e ensina a um pobre homem
tua alegria aérea, sub
marina

DESENHO DA PAISAGEM

Céu, mar
— linhas inseparáveis
do pensar: a terra
é uma esfera.
Fechada? Aberta?
Está completa?
Pode-se remover o fundo?
Poderia (como na lata
de queijo palmira) entreabri-la?
Devorar outros mundos?

O arco
que a mente desenha só para si
não interessa.
Separada do corpo
resta pouco que pensar
ou não-pensar:
           nuvens
no céu que se põe
a dissimular.

Este o risco
de quem vive à beira d'água:
sempre a mente
distante do
mar
ante o
mar
distante
da mente.
Dia e noite:
um diante do outro.
Roteiro
de impossível fuga:
o horizonte é medido
por invisíveis alturas.

Mas basta
romper na barra
a proa de um barco:
minúsculo
        ponto
            escuro
— tudo em torno é espaço

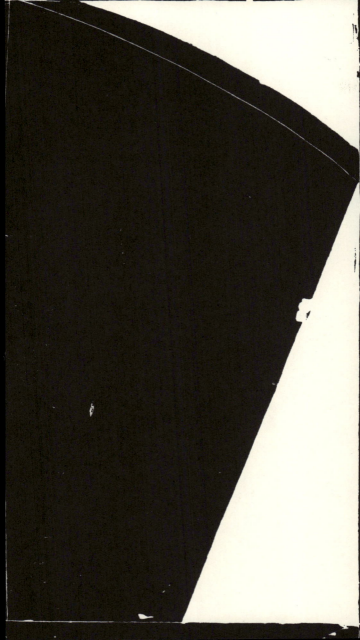

BARRA

Por aqui ainda se morre
de simples destempero

basta ignorar as lajes
o vento

basta romper a barra
em hora estreita:

vais pescar em águas turvas
ao som de nenhuma sereia.

ENTERRO

Deve haver algum sentido
nesses rudes rituais de partida

em que o mundo retorna
ao estado do papel em branco:

só o negro alvoroço em torno
de um corpo e a despedida.

Deve haver algum sentido: não
fechar de imediato a porta ao morto,

não apertar demasiado os sapatos
nem esvaziar inteiramente os bolsos;

permitir que ele se exponha
e espaireça entre os cômodos

— que o morto sempre comparece
aos seus últimos encontros,

sob a chuva
ou no engarrafamento de um sonho.

Sobretudo não enxergar o morto
onde ele não está: atrás dos jornais

sentado (ressentido?) na poltrona;
que o morto sobreviva à própria morte,

mas sem esforço. Por isso
no dúbio diz-que-diz-que da memória

não discar a qualquer hora qualquer número
que o morto tem sua rotina

sua dieta de quietas recordações
e não adianta importuná-lo à toa:

a partir de agora, o morto só acorda
quando a própria vida o incomoda.

O OUTRO LADO

A vida após a morte
não é tão fácil
de ser levada.

Não para quem morre
mas para quem fica:
todo o pessoal da retaguarda.

Que inferno ir à praia
na manhã vazia
— de canal a canal
sem dar palavra.

O morto pelo menos
escapou do dia a dia:
já não precisa lavar o pé
antes de entrar em casa.

RETRATO

Tua minúscula figura
— o chapéu, o guarda-chuva
apontando contra o fundo claro,
excessivamente claro da rua —
está de costas na fotografia.
Mas meus olhos recortam da foto
o resto do corpo: um jeito
marcadamente torto de estar.
O rosto crispado de presságios:
sol, chuvisco, mau tempo.
A cor da íris variando
da areia da praia
ao pardo café dos dias:
"*só dói quando eu rio*", rias.

CLARA

de noite na troca
de turnos na fronteira
do hospital

o quarto um túnel
sem nome poço
sem porta

apenas um tubo toca
tua memória?
teu futuro?

ao cabo de algumas horas
lutando
ela nasce do escuro

ANCHIETA COM NEBLINA

nesta via
de imprevistas
geografias
curva
fechada
pista
escorregadia
só espero
que os faróis
iluminem este chão
— agora e na hora
da mais árdua
cerração

NOTURNO DA BAIXADA

De noite a terra
baixa ainda mais
e entre as dunas
deixa ver
um negro transatlântico
traficando
de porto em porto
seu parco contrabando:
vozes, ferramentas
e um óleo pesado e grosso
que empapa o solo
entope os canais
o sono.
Triste cidade litorânea!
meus olhos mal te distinguem
do mar da terra da lama.

SOBRE O ATLÂNTICO

Para Burton "lembrava
os portos sujos e desleixados

da costa ocidental africana."
Para Kipling "a atmosfera

é do sul da Índia: cachos de bananas
descendo o rio em barcaças."

Mas também o que é que esses ingleses esperam
de uma cidade ao pé da serra

toda ela — tirante os morros —
rodeada de mangues

e edificada sobre o lodo?
Além do quê, tem os mosquitos,

o bafo que vem da terra,
pressão do mar sobre as cabeças.

Daí a cachaça, truque da casa,
para nivelar em álcool

o mal de nossas mentes.
No mais, não há como escapar:

um canal circunscreve a ilha
outros dão para o mar.

No centro: esse boqueirão
de luz e carne luz e poeira

café cargueiros containers
alfândega putaria bar.

Ao meio-dia
a vida vai a pique

no estuário: o sol
é uma chapa de aço

sob a qual meninos assam
pedaços de um peixe morto.

Porém de noite
sobrevoando o Atlântico

nada se nota: a cidade
é apenas outra ilhota

na costa ainda sem nome
do país.

EM TORNO DA CIDADE

1. *vista da serra*

na meia encosta
rente ao rio
que baixa da serra
ou volta do mar.
Pedaço de terra
alugado alagado
ao pé do morro
que assinala
sua reles condição
de baixada

do alto da serra
não passa
de monótono horizonte embaçado
aqui e ali
por águas mangues casqueiros
e lá adiante
um porto
na boca do canal

2. *a serra, no retrovisor*

arcadas
de túneis incrustados
e pontes cariadas

engastam
no fundo da memória
estranha monotipia:

a velha serra terciária
exausta de mascar
neblinas-automóveis

3. *vista do mar*

três ilhas
em forma de Moela
assinalam a entrada
— urubus montam guarda
enquanto apodrecem os ossos
nos fortes da Bertioga
e da Barra

4. *de cima*

cidade acuada
de costas para o mar

um armazém de cada lado
do amplo-úmido estuário

entreposto que fica entre
São Vicente e Santo Amaro

cidade esboçada a esmo
litoral inacabado

5. *no tempo*

cidade na qual
o dia é comércio
do mar à terra
da terra ao mar

a canoa do morto
ancorada na margem
espera a noite
para descer

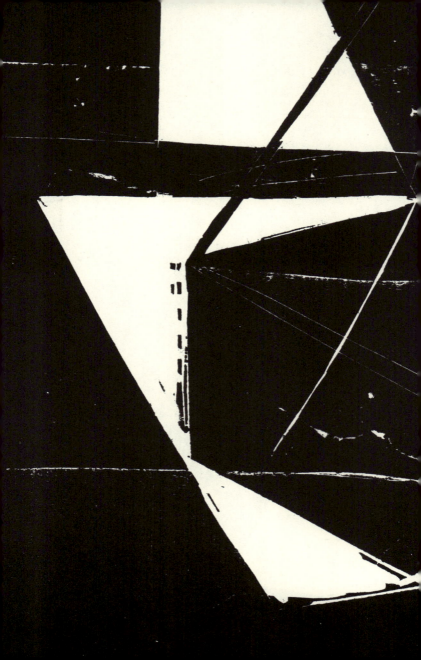

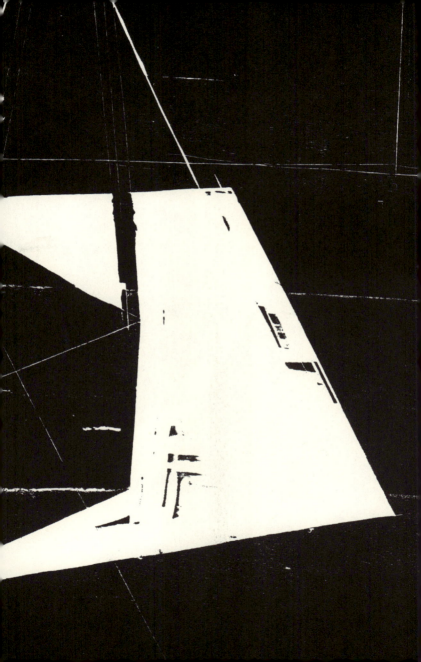

6. *do porto*

cais
onde as coisas ancoram
onde as coisas demoram
algum tempo
antes de partir

lá está o morto
vivendo de uma outra vida
que só diz respeito ao corpo

lá estão seus ossos
pacotes bem embalados
prontos pra subir a bordo

CAFÉ ALUMÍNIO CEVADA
SOJA CIMENTO
CARNE

— mas pra quê tantos guindastes
se o corpo não se move
jamais?

7. *do alto de um guindaste*

refém
de cargas
e armazéns
de rotas
e promissórias
commodities
extraviadas
e contrabando
sem nota

— aqui eu moro —

entre bandeiras
de diferentes donos
e as grossas placas
de aço do abandono

8. *de dentro*

rio que dá voltas
em torno da cidade

como um cordão
em torno do pescoço

esta noite é como
uma estrada:

por acaso deságua
na rua lá de casa.

Da janela vejo
a canoa que passa

rebocada de borco
feito uma imagem:

sem nome
sem corpo

— rio,
pra onde foi o outro?

9. *da memória*

estuário
que se volta

para dentro
do de fora:

o mar cuspindo areia
o vento levando embora

DRAGA

raspar o fundo
até que toda a borra
venha à tona

— nunca mais
a estreiteza das margens
os cardumes viciados
e a memória
enferrujando numa balsa
à deriva
no meio do canal

ESBOÇO DE ESTUÁRIO

Entre a serra
e o mar
a maré avança
escalando buracos
cavando rochedos
os sinos da igreja
a casa do Concelho
se alastrando
— via mangue —
até o Centro.
Daí a ferida:
fosso que não fecha
e divide a cidade em
bairros-de-água
bairros-de-terra.
Daí este esboço
que carrego:
canal cheio de dragas
margens enferrujadas
sórdido estuário!
— mas aberto para o mar
e seus cardumes.

O CARDUME

Às vezes passa à toa
como baleia no Atol das Rocas

e ninguém arpoa.
Outras rente à praia

como o dia em que quase piso
na aba escura de uma raia.

A maioria, porém, passa em segredo
como passa agora

em torno desta mesa.
Como há de passar ainda

— quem sabe quantas vezes? —
sem que eu perceba

a mancha do cardume
na simples correnteza.

ATLANTIC CROAKER

sapo do Atlântico
arauto
de fundas esquinas
teu nome
é já um destino
corcoroca
— magra corvina —
ronco
do peixe dormindo
sob canos
de silêncio e gasolina
em vão
gravas teu lamento
na paz
da lama estuarina

OUTRO CARDUME

Uns o pegam pelas costas
no escuro, feito caranguejos.
Outros em terra firme
para viagem, no gelo.
Terceiros o fabricam na mente
como, noutros tempos,
monstros ultramarinos.
Já um quarto tenta apanhá-lo
entre duas cidades
num ônibus da Cometa
quando a linha presa ao dedo
mesmo a milhas de distância
acusa sua surpresa.
Mas tantas vezes
é só uma ressaca
arrastando pedras
no litoral
enquanto a Cordilheira
às nossas costas
ameaça desabar
sem dar um sinal.

DOIS POEMAS

a onda

de andar em andar
desanda

úmida ainda
em terra estranha

*

a onda rola
rola sem fim

morrendo aqui também morre
lá na Costa do Marfim

DAQUI ATÉ A ÁFRICA

Nenhum esteio.
Só a sombra imprevista
de um cardume
ou o tosco de uma nuvem
caindo em cheio.
Só o arremedo de uma onda
a tentar a travessia
— mar, mar,
quantas quilhas!

QUATRO PERGUNTAS (MEIA RESPOSTA)

Pode a onda
por um segundo
rever o seu sinal?
E interrogando-se
de cima a baixo
provar cada partícula,
em sua temperatura
ímpeto, teor de sal?
Pode ainda
enquanto se desenrola
saber o que transporta:
osso de barco,
homem ou animal?
Pode enfim
a caminho da costa
eleger na praia
a rocha contra a qual?

*

A onda
é uma na ida
nada na volta:

perfil lacerado
conchas
pedras
saibro.
E a memória do espaço
— áspero soco!

DA PRAIA GRANDE AO MAR PEQUENO

passar
entre margens em suspenso
como se
só no auge do silêncio
ouvisse

o balanço de uma língua-mãe
ou língua-mangue ou lagamar
a reunir em si todas as línguas

do lodo
do caranguejo
e da rã

— mas como articular em sílabas
um som que não tem centro
se o mar é tanto
e a ponte, pênsil?

DA PONTA DA PRAIA

Tão perto de tocar
o instante quase-já
de toda viagem;
no entanto, rente à praia
é tanto rente ao fundo
que só percebo
o espesso casco negro
brilhando à tona
um segundo. E depois?
Viagem houve de fato?
Ou tudo não passa
de um golpe
do acaso?
                    Mas —
e o casco?
É úmido. Está coberto
de cracas e a ferrugem
que rói as chapas
rói a carga
é visível
da Ponta da Praia
a olho nu.

Da calçada vejo
a quina de aço
— feito cunha —
na paisagem:
a Pouca Farinha
o forte em ruínas
o Góes... e por aí vai,
devorando a outra margem.
Boa viagem.

PERNOITE NO BARCO

Só o fumo do cigarro
lembra que sou
pedaço de terra
solto no largo:
espinha gelada
dois remos
cachaça querosene
óleo diesel.
Silêncio.
Cardume cortado
não emenda.
No duro, isso é mesmo
uma esquala condição:
viver na espera do peixe
sem soldo pra semana.
No almoço
uma caneca de lata
fim da tarde
uma esponja sem sal.

A ESQUALA CONDIÇÃO

segundo Jean de Léry,
Viagem à Terra do Brasil

— como esses tubarões
não servem de alimento
e não fazem senão o mal,
depois de torturar
os que podíamos apanhar
ou os matávamos a pancadas
como cães raivosos
ou, cortando-lhes as nadadeiras,
amarrávamos-lhes um arco de pipa na cauda
e os atirávamos ao mar,
pois assim ficavam algum tempo
flutuando e debatendo em cima d'água
antes de poder mergulhar,
o que nos divertia
bastante —

MEIO-DIA NO MAR

o sol
como um anzol
de doze pontas

todas elas voltadas
diretamente
contra ti

vai polindo
a superfície irisada
— sangue azul
que se alastra —

sob a córnea da água
o olho
sonda o fim

DO MAR

lamber as costas, varrer o
chão

por atrito produzir cris
tais

para escrever
nem lousa nem
giz

mas esfolar
a carne mesma das coisas
até nelas infligir

— rocha contra rocha —

uma nova espécie de
dor

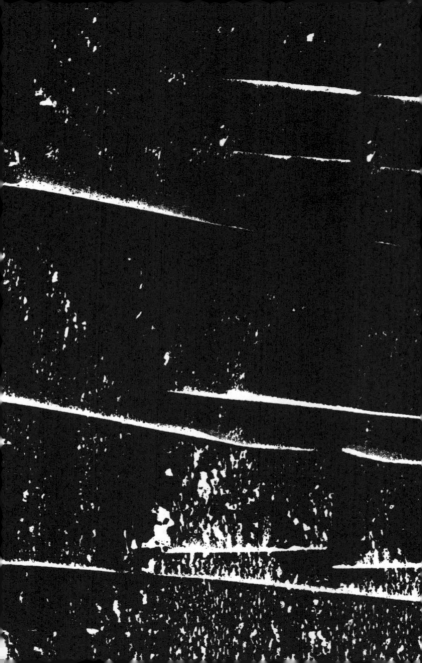

NA

praia o vento
a cada hora
altera

e a luz erra
atrás de cada
duna

— praia
o mundo se desdobra
e a vida
(que eram duas)
é só uma

UMA TEMPORADA NO TEMPORAL

Namorou outras vidas
como se esta não bastasse
e em sua mochila de apetrechos
transportou vários excertos
de outros corpos
reinventados de cor.
No meio da chuvarada
despiu o guarda-chuva e as galochas
— ah, a inutilidade de um livro-caixa das paixões!
como se a vida desse ouvidos
a perdas, enganos...
Viver é amar — entre estranhos.
Por isso, na falta
de eterna tempestade tropical,
foi morar noutros extremos:
areias e rochedos,
clima de Saara-mental.

RIMBAUD NA AMÉRICA

Joelhos em febre
ouro na barriga

e — quase esquecia —
as varizes:

assim desembarcas
encharcado até os ossos

pelo sal da Abissínia.
No fundo, o desejo

de estar sempre de partida
como se poesia fosse

— horror à terra firme! —
a orla

de um litoral absoluto.
Mas há recifes na costa

e dentes de esqualo
no alto-mar.

Além do quê,
é impossível prever

quando o espírito
— santo

ou maligno —
falará.

Por isso engole as pedras
que trouxeste no bolso.

Aqui terás de recomeçar.

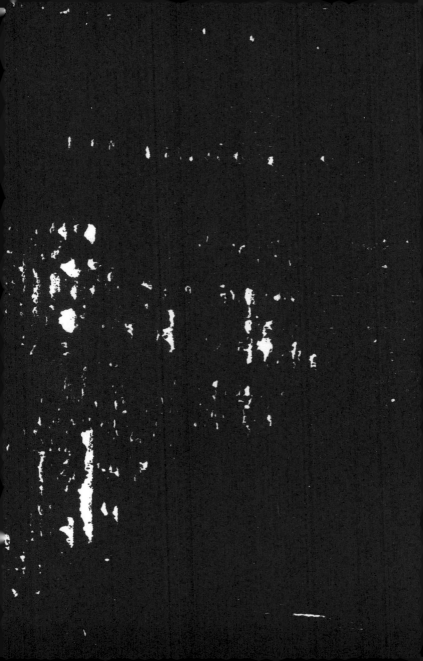

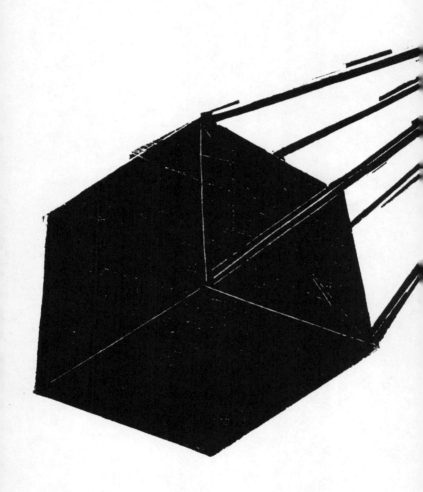

NOTAS

Litoral
"Kjökkenmönddiger" significa, literalmente, "restos de lixo, restos de cozinha" e designa os montes de conchas da costa dinamarquesa, análogos aos sambaquis do litoral brasileiro.

História
O trecho "serras altíssimas/ várias ilhas no mar" deve à leitura de Frei Gaspar da Madre de Deus. Em suas *Memórias para a história da capitania de São Vicente* (1784), ele refere a aproximação de Martim Afonso de Souza ao litoral brasileiro nos seguintes termos: "Com próspera e breve navegação chegou a 25 graus, ou 25 e 11 minutos de latitude meridional, como querem outros: nesta altura foram aparecendo serras altíssimas no Continente, e várias ilhas no mar".

Monólogo de Hans Staden
"Cova de bugios" ou "cova de macacos" é uma das etimologias propostas por Fernão Cardim em *Tratados da terra e gente do Brasil* (s.d.) para Buriquioca, designação primeira de Bertioga, onde o

arcabuzeiro Hans Staden caiu prisioneiro dos Tupinambá, no ano de 1554.

Esboço de estuário

O trecho "sinos da igreja/ casa do Concelho" também deve à leitura da obra já citada de Frei Gaspar. Ao relatar a primeira fundação de São Vicente, o autor observa que Martim Afonso ergueu "cadeia, casa do Concelho e todas as mais obras públicas necessárias: foi porém muito breve a duração de seus edifícios, porque tudo levou o mar". Logo a seguir menciona o quanto se havia gasto para "tirar os sinos do mar".

Sobre o Atlântico

O trecho "para Burton lembrava/ os portos sujos e desleixados/ da costa ocidental africana" foi extraído do livro *Sir Richard Francis Burton*, de Edward Rice, sobre o escritor e explorador inglês Richard Burton (1821-1890), que residiu em Santos por breve período na segunda metade do século XIX.

Já o trecho "a atmosfera/ é do sul da Índia: cachos de bananas/ descendo o rio em barcaças" é uma passagem, ligeiramente modificada, de *Brazilian Sketches* (1927), de Rudyard Kipling, onde este registra suas impressões do porto santista.

A esquala condição

Os versos repetem, quase literalmente, um trecho de *Viagem à Terra do Brasil* (1578), de Jean de Léry, na tradução de Sérgio Milliet.

Atlantic croaker

"Atlantic croaker" é o nome inglês da corvina, espécie costeira que frequenta fundos de lama e areia. "Corcoroca" (do tupi *ko-roka*, ranzinza, rabugento) designa, por onomatopeia, peixes roncadores de hábitos similares aos da corvina.

Os poemas e gravuras deste livro foram escritos e gravados entre 1989 e 2001.

ÍNDICE

O	11
Litoral	15
História	17
Monólogo de Hans Staden	19
Ponta da Jureia	21
Fala de Cunhambebe	23
O antípoda	25
Ouriço	27
Boto	29
Desenho da paisagem	31
Barra	37
Enterro	39
O outro lado	45
Retrato	47
Clara	49
Anchieta com neblina	51
Noturno da Baixada	53
Sobre o Atlântico	55
Em torno da cidade	57
Draga	73
Esboço de estuário	75
O cardume	77
Atlantic croaker	79

Outro cardume 81
Dois poemas 83
Daqui até a África 85
Quatro perguntas (meia resposta) 87
Da Praia Grande ao Mar Pequeno 89
Da Ponta da Praia 91
Pernoite no barco 101
A esquala condição 103
Meio-dia no mar 105
Do mar 107
Na 111
Uma temporada no temporal 113
Rimbaud na América 115

Notas 121

SOBRE O AUTOR

Alberto Martins nasceu em Santos, em 1958. Formou-se em Letras na Universidade de São Paulo em 1981, mesmo ano em que iniciou sua prática de gravura na ECA-USP. Em 1985, teve bolsa de artes para o Pratt Graphics Center, de Nova York, passando a se dedicar à gravura em madeira e, mais tarde, à escultura.

Publicou, entre outros livros, *Poemas* (Coleção Claro Enigma, Duas Cidades, 1990); *Cais* (Editora 34, 2002); *A história dos ossos* (Editora 34, 2005 — segundo lugar no Prêmio Portugal Telecom de Literatura, em 2006); a peça de teatro *Uma noite em cinco atos* (Editora 34, 2009) e *Em trânsito* (Companhia das Letras, 2010).

ESTE LIVRO FOI COMPOSTO EM SABON PELA
BRACHER & MALTA, COM CTP DO ESTÚDIO
ABC E IMPRESSÃO DA BARTIRA GRÁFICA E
EDITORA EM PAPEL PÓLEN SOFT 80 G/M^2 DA
CIA. SUZANO DE PAPEL E CELULOSE PARA A
EDITORA 34, EM JULHO DE 2011.